PUBLICITÉ POLITIQUE

D'UN OUVRIER.

AVANT-PROPOS.

—o—

Si les circonstances des dangers qui menacent la patrie n'étaient pas dans un sérieux doute de malheurs, mon idéologie politique serait peut-être restée stérile pendant ma vie.

Car l'appréhension qu'il y a à calculer les angoisses que le plus sublime publiciste est assujéti à supporter, soit sur la vérité comme sur l'erreur et le mensonge, doit faire peur.

Cependant le patriotisme de la charité humaine impose quelque chose qui me force au dévoûment quel qu'il soit de la croix que je puisse porter, soit à cause de ma profession et ma simple instruction.

Mon résumé d'esprit politique est débuté d'une manière matérielle en conclusion, dans le but d'en donner un premier aperçu des plus pressans besoins des vues de mes opinions.

PUBLICITÉ POLITIQUE

D'UN OUVRIER.

---

1. Puisque l'heure de la liberté de penser et d'exprimer ses opinions politiques est venue, voici ma confession de pensée religieuse-politique, à moi.

2. Qui est celle d'un ouvrier qui, au lieu de demander une candidature, *peut-être aussi bien méritée que celle d'un autre,* déclare désormais les refuser, ainsi que tout autre fonction publique salariée, *quoiqu'il en serait digne.* Ce n'est ni par peur, ni par déconsidération pour ces fonctions-là, qui, au contraire, honorent toujours ceux qui en sont dignes.

3. Mais c'est seulement pour démontrer que je prêche plutôt par exemple que par convoitise. Donc je ne voudrais pas me mettre en contradiction avec mon esprit politique.

4. Je suis un ouvrier, et je n'ai reçu, dans les lettres et belles-lettres, que l'instruction d'un ouvrier; je vous en préviens, afin de ne pas vous méprendre.

5. Et je prétends vous parler plus vrai, plus juste, plus approfondi, qu'aucun législateur ne l'a fait jusqu'à présent, sauf Notre-Seigneur Jésus-Christ en son Testament.

6. Voilà plus de quinze ans que je travaille en secret dans moi-même, par de nombreux écrits pour chercher ce qu'était la *vérité*, la *justice* pure, sur ce que sont les lois et principes, sur leurs vices et vertus, et sur ce qu'ils devraient être pour constituer les vraies lois de l'humanité, etc.

7. Nul ne connaît mes opinions et n'est capable de les connaître, sans m'avoir étudié à fond.

8. Ne croyez pas que je parle en imprudent et dans le but de chercher un bouleversement.

9. Je prétends vous faire voir le mal où il est, le moyen d'y remédier, avec environ le nombre d'années qu'il faudrait pour le guérir, avec tout le pouvoir de l'esprit de l'homme.

10. Je ne suis pas de ceux-là qui font frime de vous faire tomber dans la bouche des allouettes toutes roties et vous font espérer qu'il tombera une pluie d'argent. Cela est impossible et serait même un grand fléau de la divine Providence. C'est ce que je pourrai vous démontrer plus tard.

11. Je vous confesse que quels que soient mes

écrits, ils ne sont point dangereux, ni préjudiciables aux législations spirituelle et temporelle, pas même à la richesse, mais ils sont au profit de la pauvreté de toutes les couleurs.

Car quelles que soient mes contestations sur les lois et principes, *j'en suis un respectueux prosélyte qui les observe, quoique mauvaises, dans l'espoir qu'elles deviendront bonnes.*

12. Cela est un travail important et plus étudié que vous ne pourriez le croire de moi-même, si vous me voyiez physiquement.

J'ai souvent été arrêté dans le cours des définitions de mon traité sur la vie passée et future, sur le bien et le mal, en conclusion. J'ai lu peu de livres, mais, je crois, les meilleurs et les plus mauvais; et je suis en contradiction avec tous, en cherchant à voir ce qui est justice et injustice.

13. J'ai souvent pensé aux écrivains qui cherchent à trouver la vérité qui leur serait impossible, s'ils ne s'y prenaient pas comme je fais, *à cause des corruptions.*

Cependant mes idées, mes goûts, ma condition n'étant point en rapport possible pour discuter politiquement, soit que les gens de ma condition d'ouvrier manquent d'instruction pour être compris, soit que les gens qui sont d'une condition plus élevée que la mienne trouvassent dans mes discussions politiques un esprit qui blesse leur vanité si impérieusement vicieuse. Ces derniers-là je cherche à les éviter.

14. Mais la prudence me fait dire que nul savant ne me connaissant à fond ne doit me croire sans conviction. Mais, pour les ignorans, ayez foi en moi, je vous sauverai; il en est temps, le fer est chaud; mais soyez prudens comme je le suis. Je crois être dans la voie la plus vraie qui va au seul *Dieu unique et véritable*

15. Travailleurs, je suis comme vous un ouvrier qui n'a d'autre ambition que de faire le bien et qui ne vous demande ni argent ni éloges. Celui qui m'est agréable ou voudrait l'être, est celui qui pratique la vérité et la justice.

16. Que celui qui veut y voir clair sorte la poutre qu'il a dans son œil avant de faire voir la paille qu'il aperçoit dans l'œil de son confrère.

Croyez que celui qui sait douter de lui, qu'il est un sot ou une canaille, a souvent plus d'esprit que celui qui s'édifie d'être un sage.

17. Ainsi, je crois et je dois pour cela, principalement à ceux de ma condition, un exposé matériel, résumé de ce que je comprends et que l'on doit comprendre en valeur de mots.

Républicain. — La religion politique de la constitution républicaine est la plus sublime des constitutions humaines, et qui, prise au sérieux, impose aux hommes l'avenir des droits des lois vers la perfection générale.

18. Beaucoup de gens s'empressent à se démontrer républicains, qui, si l'inventaire de leur esprit était bien pesé dans la conclusion qu'il est, on trouverait un résultat qui démontrerait qu'ils sont moins républicains que Louis-Philippe.

19. Pour être républicain de premier ordre, il faut avoir d'abord un bon esprit incliné à cela, puis ensuite l'instruction convenable; car rien n'est plus religieux que l'esprit du républicanisme.

20. Une constitution monarchique est la propriété d'un seul homme, gérée par des agens d'affaires qui reçoivent de plus ou moins grands priviléges pris dans le préjudice du peuple, dont le monarque se considère comme le propriétaire, etc.

21. Mais une constitution républicaine gouvernementale comprend la loi émanée du peuple lui-même et pour lui-même, selon la *liberté, l'égalité et la fraternité.*

22. Mais nous, cultivateurs et ouvriers, c'est avec juste titre que nous avons reçu des *droits* pour pouvoir nommer nos représentans, aussi bien que les autres classes de la société. Mais qui nous a appris nos *devoirs ?* ou sommes-nous sûrs de les

savoir pour cela. *Ecoutez-moi.* Pour ne pas vous tromper et que l'on ne vous trompe pas, je vais vous trouver une marche simple.

23. La *liberté* ne peut toujours être qu'un abus sous toute loi monarchique. La liberté en droit individuel ne se comprend que par le droit de parler et d'écrire ses opinions religieuses et politiques, sous condition de ne point faire de séditions, abus et crimes, avec cette liberté à qui que ce soit. La liberté est pour propager la vérité et puis pour combattre et asservir le mensonge. Sous sa puissance, nul n'est libre d'être, même volontairement, sot ni fripon et faire librement des conspirations contre le gouvernement constitué du peuple qui se nomme républicain.

Celui qui se proclame un rebelle aux lois républicaines, par droit de liberté, n'est plus un républicain, mais un anarchiste; alors il se dégrade de sa dignité humaine, qu'il soit pauvre ou riche.

24. Les constitutions ne peuvent pas faire de suite tous les hommes heureux; il faut pour cela beaucoup de temps. Et qui sait persister par la résignation a un vrai mérite.

25. L'*égalité* ne comprend que l'égalité envers les lois, quels que soient les individus.

Ne vous croyez pas, étant pauvre, égal au riche en fait de monnaie; et si vous êtes ignorant ou sot, ne vous croyez pas égal au spirituel et au sage, quand même vous voudriez l'être. L'égalité n'est qu'envers le droit juste et c'est une pure justice.

26. La *fraternité* ne comprend que le devoir de l'humanité, mais non *une charité abusive*. Les afflictions étant un fléau réparti dans toutes les conditions humaines, nous ne pouvons pas tous avoir le même niveau d'idées, de capacité, de grâces et de bonheur. C'est le bienfait nécessaire des bontés divines de l'esprit de Dieu.

Car de l'affliction à la pauvreté, à la richesse temporelle et spirituelle, il y a mille degrés.

La fraternité constitue le même corps, mais non le même degré.

La mendicité sera anéantie, mais non l'affliction et le degré de pauvreté. Mais l'esprit vertueux de la compassion fera le soulagement de toutes les afflictions humaines. *Ainsi je crois.*

27. La charité bien faite et la moins coûteuse, c'est celle que personne ne veut, surtout ceux qui en ont le plus besoin.

Un dissipateur, un exalté, qui serait asservi aux sages instructions d'un bon dictateur spirituel, pourrait se guérir ou mourir dans la contrition de son péché. Mais le dissipateur ne demande que de l'argent pour réparer le désordre de ses affaires; mais pour les conseils, la vanité lui fait toujours dire qu'il en sait trop à présent, parce que la passion vicieuse le domine.

28. Enfin j'ai des millions de choses à dire sur cette nouvelle ère. Donc, je ne m'en édifie point et n'ai pas plus de droit au bonheur qu'au malheur. Si j'ai des capacités spirituelles, ce n'est pas de mon pouvoir volontaire. Je ne me crois ni plus ni moins de mérite qu'un autre.

29. Dans le premier début, j'ai vu cela arriver de bon œil; mais à présent, j'ai un peu de doutes, malgré que tous les trônes présentent un écroulement.

Nous deviendrons tous républicains, nous entrerons dans le paradis terrestre, si ça va bien. Ou nous deviendrons tous cosaques peut-être avant trois ans, en passant par l'enfer le plus terrible. Ainsi je prévois, dis et préviens.

30. Les anarchistes qui prétendent n'avoir rien à perdre dans cet ordre de choses perdront autant que les grands légitimistes par l'espérance du bienfait que devrait produire le vrai républicanisme.

31. Beaucoup de gens riches, dominateurs, s'épouvantent même de l'impossibilité de la liberté, de l'égalité et de la fraternité.

Du républicanisme, croyant que tous les rudes et vils travaux ne trouveraient pas de bras ou qu'à des prix exorbitans, et que le rentier ne pourrait pas vivre, etc., etc.

32. Sur cela, j'ai fait des écrits sérieux et j'ai prétendu trouver quel en serait le succès de justice légale et fraternelle pour tous.

Ce n'est point dans l'esprit de ces sortes de traités de différentes couleurs qui ont été publiés il y a long-temps déjà ; mon jugement sur cela, en conclusion matérielle, y traite d'abus ; mais bien des passages sont bons, et *je dis et crois.*

33. Point de république solide sans l'organisation du travail, et point de temps heureux à espérer dans les siècles présens et futurs sans l'organisation du travail.

Avec l'organisation du travail, l'anarchie sera d'abord combattue et anéantie.

34. Et cela demande une direction d'ordre qui aille lentement, selon le besoin voulu, pour la transformation des anciennes lois mauvaises à la constitution des nouvelles lois bonnes. Car autrement ce serait un abus, de même que si on disait que la langue française n'est qu'un jargon et qu'il nous faut de suite tous parler allemand, et qu'il sera défendu de parler français, etc.

Enfin cela n'est qu'une idée de comparaison.

35. Ainsi voilà mon opinion que je crois sage de

mettre en publicité d'après la liberté qui doit être pour la justice; et dans la justice pour les lois et principes de l'humanité. Autrement, tout ne serait qu'abus et contradiction. Il y a mille moyens pour faire le bien, comme il y en a mille pour faire le mal. Les lois et principes sont tout.

36. Les désordres qu'il y a dans les conditions individuelles et dans les finances ne sont presque rien de difficile à régler et à rétablir pour la richesse de la situation française. Car tout le préjudice qu'il y aurait à réparer dans toutes les professions et les conditions, mille moyens se trouveraient convenables et possibles, *je crois.*

37. L'ouvrage est le plus empressé des besoins, bien que la masse des ouvriers tienne plus dans son idée à avoir de l'argent pour ses besoins que de l'ouvrage. L'ouvrage est la source des vertus, comme l'oisiveté celle des vices. Le monde a besoin de travailler; l'ouvrage est sans fin comme le monde.

38. L'organisation du travail général est la plus sublime des lois constitutionnelles. L'esprit actuel du peuple peut se réorganiser avec équité vers le chemin de la perfection. Mais il faut marcher avec prudence et à pas assurés, et lorsque l'on sera dans le chemin qui ressemble à un cercle de tonneau, la marche n'aura plus de fin.

39. Telles sont mes idéologies de premier début ; donc j'ai beaucoup à dire sur les situations des élections, sur toutes les constitutions des élections de choses. Puis sur l'organisation du *travail* et des *commerces*, sur l'*agriculture*, etc., etc.

40. Si mon idéologie politique est prise en bonne part, je donnerai aussitôt suite à la première publicité. Mais je préviens le public que je n'admettrai rien de qui que ce soit, en aucun conseil ni sollicitation quelle qu'elle soit.

Je veux rester libre dans moi-même et n'être asservi à aucune société humaine, dans le but de servir toutes les sociétés.

Un ouvrier.

Bourg, 8 avril 1848.

Bourg, Imp. de Milliet-Bottier.

www.ingramcontent.com/pod-product-compliance
Lightning Source LLC
LaVergne TN
LVHW010319230826
846091LV00009B/3736

9782013462822